All About Me

Name :

School :   Year:

Email :

Phone:

Address :

Passwords :

Timetable

MON							
TUE							
WED							
THU							
FRI							
SAT							
SUN							

Birthdays

January	February	March
April	May	June
July	August	September
October	November	December

Calendar 2022

January

SUN	MON	TUE	WED	THU	FRI	SAT
						1
2	3	4	5	6	7	8
9	10	11	12	13	14	15
16	17	18	19	20	21	22
23	24	25	26	27	28	29
30	31					

February

SUN	MON	TUE	WED	THU	FRI	SAT
		1	2	3	4	5
6	7	8	9	10	11	12
13	14	15	16	17	18	19
20	21	22	23	24	25	26
27	28					

March

SUN	MON	TUE	WED	THU	FRI	SAT
		1	2	3	4	5
6	7	8	9	10	11	12
13	16	15	17	18	19	20
21	22	23	24	25	26	27
28	29	30	31			

April

SUN	MON	TUE	WED	THU	FRI	SAT
					1	2
3	4	5	6	7	8	9
10	11	12	13	14	15	16
17	18	19	20	21	22	23
24	25	26	27	28	29	30

May

SUN	MON	TUE	WED	THU	FRI	SAT
1	2	3	4	5	6	7
8	9	10	11	12	13	14
15	16	17	18	19	20	21
22	23	24	25	26	27	28
29	30	31				

June

SUN	MON	TUE	WED	THU	FRI	SAT
			1	2	3	4
5	6	7	8	9	10	11
12	13	14	15	16	17	18
19	20	21	22	23	24	25
26	27	28	29	30		

July

SUN	MON	TUE	WED	THU	FRI	SAT
					1	2
3	4	5	6	7	8	9
10	11	12	13	14	15	16
17	18	19	20	21	22	23
24	25	26	27	28	29	30
31						

August

SUN	MON	TUE	WED	THU	FRI	SAT
	1	2	3	4	5	6
7	8	9	10	11	12	13
14	15	16	17	18	19	20
21	22	23	24	25	26	27
28	29	30	31			

September

SUN	MON	TUE	WED	THU	FRI	SAT
				1	2	3
4	5	6	7	8	9	10
11	12	13	14	15	16	17
18	19	20	21	22	23	24
25	26	27	28	29	30	

October

SUN	MON	TUE	WED	THU	FRI	SAT
						1
2	3	4	5	6	7	8
9	10	11	12	13	14	15
16	17	18	19	20	21	22
23	24	25	26	27	28	29
30	31					

November

SUN	MON	TUE	WED	THU	FRI	SAT
		1	2	3	4	5
6	7	8	9	10	11	12
13	14	15	16	17	18	19
20	21	22	23	24	25	26
27	28	29	30			

December

SUN	MON	TUE	WED	THU	FRI	SAT
				1	2	3
4	5	6	7	8	9	10
11	12	13	14	15	16	17
18	19	20	21	22	23	24
25	26	27	29	29	30	31

Calendar 2023

January

SUN	MON	TUE	WED	THU	FRI	SAT
1	2	3	4	5	6	7
8	9	10	11	12	13	14
15	16	17	18	19	20	21
22	23	24	25	26	27	28
29	30	31				

February

SUN	MON	TUE	WED	THU	FRI	SAT
			1	2	3	4
5	6	7	8	9	10	11
12	13	14	15	16	17	18
19	20	21	22	23	24	25
26	27	28				

March

SUN	MON	TUE	WED	THU	FRI	SAT
			1	2	3	4
5	6	7	8	9	10	11
12	13	14	15	16	17	18
19	20	21	22	23	24	25
26	27	28	29	30	31	

April

SUN	MON	TUE	WED	THU	FRI	SAT
						1
2	3	4	5	6	7	8
9	10	11	12	13	14	15
16	17	18	19	20	21	22
23	24	25	26	27	28	29
30						

May

SUN	MON	TUE	WED	THU	FRI	SAT
	1	2	3	4	5	6
7	8	9	10	11	12	13
14	15	16	17	18	19	20
21	22	23	24	25	26	27
28	29	30	31			

June

SUN	MON	TUE	WED	THU	FRI	SAT
				1	2	3
4	5	6	7	8	9	10
11	12	13	14	15	16	17
18	19	20	21	22	23	24
25	26	27	28	29	30	

July

SUN	MON	TUE	WED	THU	FRI	SAT
						1
2	3	4	5	6	7	8
9	10	11	12	13	14	15
16	17	18	19	20	21	22
23	24	25	26	27	28	29
30	31					

August

SUN	MON	TUE	WED	THU	FRI	SAT
		1	2	3	4	5
6	7	8	9	10	11	12
13	14	15	16	17	18	19
20	21	22	23	24	25	26
27	28	29	30	31		

September

SUN	MON	TUE	WED	THU	FRI	SAT
					1	2
3	4	5	6	7	8	9
10	11	12	13	14	15	16
17	18	19	20	21	22	23
24	25	26	27	28	29	30

October

SUN	MON	TUE	WED	THU	FRI	SAT
1	2	3	4	5	6	7
8	9	10	11	12	13	14
15	16	17	18	19	20	21
22	23	24	25	26	27	28
29	30	31				

November

SUN	MON	TUE	WED	THU	FRI	SAT
		1	2	3	4	
5	6	7	8	9	10	11
12	13	14	15	16	17	18
19	20	21	22	23	24	25
26	27	28	29	30		

December

SUN	MON	TUE	WED	THU	FRI	SAT
					1	2
3	4	5	6	7	8	9
10	11	12	13	14	15	16
17	18	19	20	21	22	23
24	25	26	27	28	29	30
31						

January 2022

SUN	MON	TUE	WED	THU	FRI	SAT
						1
2	3	4	5	6	7	8
9	10	11	12	13	14	15
16	17	18	19	20	21	22
23	24	25	26	27	28	29
30	31					

Jan 2022

MON		
TUE		
WED		
THU		
FRI		

Jan 2022

MON

TUE

WED

THU

FRI

Jan 2022

MON

TUE

WED

THU

FRI

Jan 2022

	MON	TUE	WED	THU	FRI

Jan 2022

MON

TUE

WED

THU

FRI

Jan 2022

MON			
TUE			
WED			
THU			
FRI			

Week6

February 2022

SUN	MON	TUE	WED	THU	FRI	SAT
		1	2	3	4	5
6	7	8	9	10	11	12
13	14	15	16	17	18	19
20	21	22	23	24	25	26
27	28					

Feb 2022

MON

TUE

WED

THU

FRI

Feb 2022

	MON		
MON			
TUE			
WED			
THU			
FRI			

Feb 2022

	MON		
MON			
TUE			
WED			
THU			
FRI			

Week3

Feb 2022

	MON		
MON			
TUE			
WED			
THU			
FRI			

Feb 2022

	MON		
MON			
TUE			
WED			
THU			
FRI			

Week5

March 2022

SUN	MON	TUE	WED	THU	FRI	SAT
		1	2	3	4	5
6	7	8	9	10	11	12
13	14	15	16	17	18	19
20	21	22	23	24	25	26
27	28	29	30	31		

Mar 2022

	MON	TUE	WED

MON TUE WED THU FRI

Week1

Mar 2022

MON

TUE

WED

THU

FRI

Mar 2022

MON

TUE

WED

THU

FRI

Mar 2022

MON

TUE

WED

THU

FRI

Mar 2022

MON		
TUE		
WED		
THU		
FRI		

Week5

April 2022

SUN	MON	TUE	WED	THU	FRI	SAT
					1	2
3	4	5	6	7	8	9
10	11	12	13	14	15	16
17	18	19	20	21	22	23
24	25	26	27	28	29	30

Apr 2022

MON

TUE

WED

THU

FRI

Week1

Apr 2022

MON

TUE

WED

THU

FRI

Apr 2022

MON

TUE

WED

THU

FRI

Apr 2022

MON

TUE

WED

THU

FRI

Apr 2022

MON			
TUE			
WED			
THU			
FRI			

Week5

May 2022

SUN	MON	TUE	WED	THU	FRI	SAT
1	2	3	4	5	6	7
8	9	10	11	12	13	14
15	16	17	18	19	20	21
22	23	24	25	26	27	28
29	30	31				

May 2022

	MON	TUE	WED
MON			
TUE			
WED			
THU			
FRI			

Week1

May 2022

MON	TUE	WED	THU	FRI

Week2

May 2022

MON

TUE

WED

THU

FRI

May 2022

	MON	TUE	WED
MON			
TUE			
WED			
THU			
FRI			

Week4

May 2022

	MON	TUE	WED	THU	FRI

June 2022

SUN	MON	TUE	WED	THU	FRI	SAT
			1	2	3	4
5	6	7	8	9	10	11
12	13	14	15	16	17	18
19	20	21	22	23	24	25
26	27	28	29	30		

Jun 2022

<table>
<tr><td>MON</td><td></td><td></td><td></td></tr>
<tr><td>TUE</td><td></td><td></td><td></td></tr>
<tr><td>WED</td><td></td><td></td><td></td></tr>
<tr><td>THU</td><td></td><td></td><td></td></tr>
<tr><td>FRI</td><td></td><td></td><td></td></tr>
</table>

Week1

Jun 2022

MON		
TUE		
WED		
THU		
FRI		

Jun 2022

MON	TUE	WED	THU	FRI

Jun 2022

	MON	TUE	WED	THU	FRI

Jun 2022

MON			
TUE			
WED			
THU			
FRI			

Week5

July 2022

SUN	MON	TUE	WED	THU	FRI	SAT
					1	2
3	4	5	6	7	8	9
10	11	12	13	14	15	16
17	18	19	20	21	22	23
24	25	26	27	28	29	30
31						

Jul 2022

MON		
TUE		
WED		
THU		
FRI		

Jul 2022

MON

TUE

WED

THU

FRI

Jul 2022

MON		
TUE		
WED		
THU		
FRI		

Jul 2022

	MON		
MON			
TUE			
WED			
THU			
FRI			

Week4

Jul 2022

Week5

Jul 2022

	MON		
TUE			
WED			
THU			
FRI			

Week6

August 2022

SUN	MON	TUE	WED	THU	FRI	SAT
		1	2	3	4	5	6
7	8	9	10	11	12	13
14	15	16	17	18	19	20
21	22	23	24	25	26	27
28	29	30	31			

Aug 2022

	MON	TUE	WED
MON			
TUE			
WED			
THU			
FRI			

Week1

Aug 2022

Aug 2022

	MON		
MON			
TUE			
WED			
THU			
FRI			

Aug 2022

MON			
TUE			
WED			
THU			
FRI			

Aug 2022

MON

TUE

WED

THU

FRI

September 2022

SUN	MON	TUE	WED	THU	FRI	SAT
				1	2	3
4	5	6	7	8	9	10
11	12	13	14	15	16	17
18	19	20	21	22	23	24
25	26	27	28	29	30	

Sep 2022

MON		
TUE		
WED		
THU		
FRI		

Week1

Sep 2022

	MON	TUE	WED
MON			
TUE			
WED			
THU			
FRI			

Week2

Sep 2022

MON		
TUE		
WED		
THU		
FRI		

Sep 2022

MON

TUE

WED

THU

FRI

Week4

Sep 2022

MON			
TUE			
WED			
THU			
FRI			

October 2022

SUN	MON	TUE	WED	THU	FRI	SAT
						1
2	3	4	5	6	7	8
9	10	11	12	13	14	15
16	17	18	19	20	21	22
23	24	25	26	27	28	29
30	31					

Oct 2022

	MON		
MON			
TUE			
WED			
THU			
FRI			

Week1

Oct 2022

MON			
TUE			
WED			
THU			
FRI			

_____

_____

_____

Oct 2022

MON		
TUE		
WED		
THU		
FRI		

Oct 2022

MON			
TUE			
WED			
THU			
FRI			

Oct 2022

MON			
TUE			
WED			
THU			
FRI			

Week5

Oct 2022

MON

TUE

WED

THU

FRI

November 2022

SUN	MON	TUE	WED	THU	FRI	SAT
		1	2	3	4	5
6	7	8	9	10	11	12
13	14	15	16	17	18	19
20	21	22	23	24	25	26
27	28	29	30			

Nov 2022

MON

TUE

WED

THU

FRI

Week1

Nov 2022

MON

TUE

WED

THU

FRI

Nov 2022

MON			
TUE			
WED			
THU			
FRI			

Week3

Nov 2022

MON

TUE

WED

THU

FRI

Nov 2022

MON		
TUE		
WED		
THU		
FRI		

December 2022

SUN	MON	TUE	WED	THU	FRI	SAT
				1	2	3
4	5	6	7	8	9	10
11	12	13	14	15	16	17
18	19	20	21	22	23	24
25	26	27	28	29	30	31

Dec 2022

MON

TUE

WED

THU

FRI

Week1

Dec 2022

MON	TUE	WED	THU	FRI

Dec 2022

MON

TUE

WED

THU

FRI

Week3

Dec 2022

MON			
TUE			
WED			
THU			
FRI			

Week4

Dec 2022

MON

TUE

WED

THU

FRI

Class Roster

No.	Name	Birth Date	Parent's Name

Phone	Address	Medical Info

Records

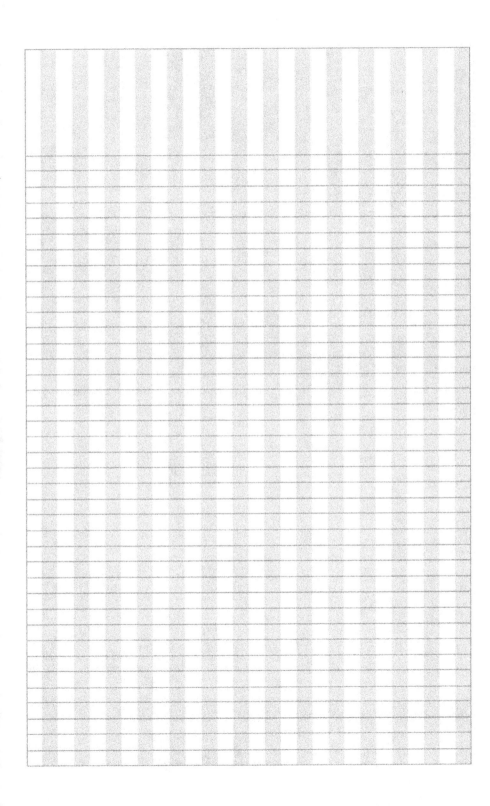

Records

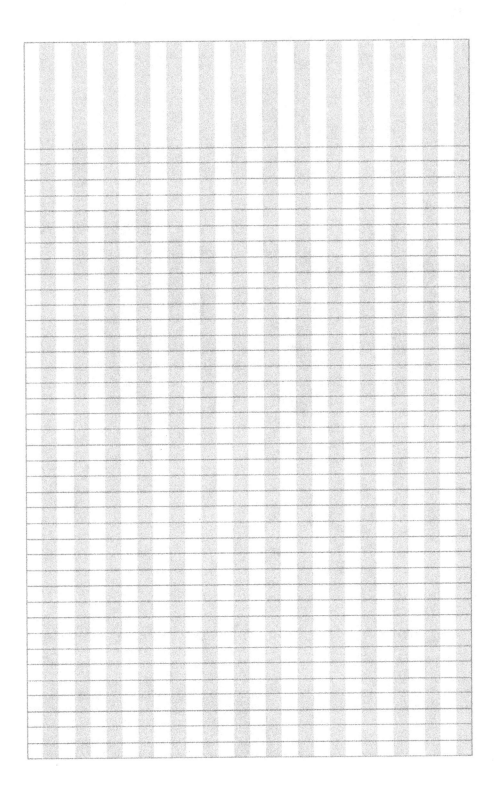

Records

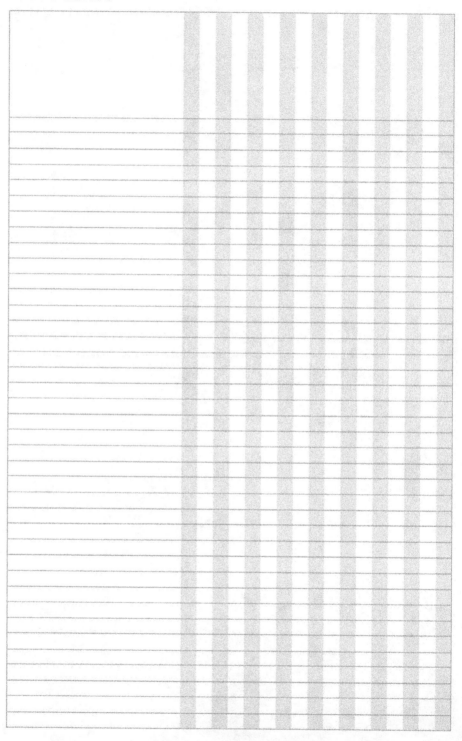

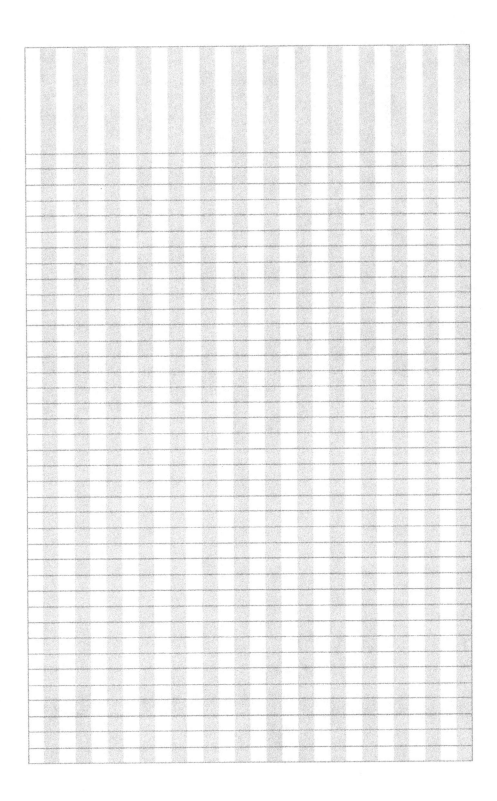

Records

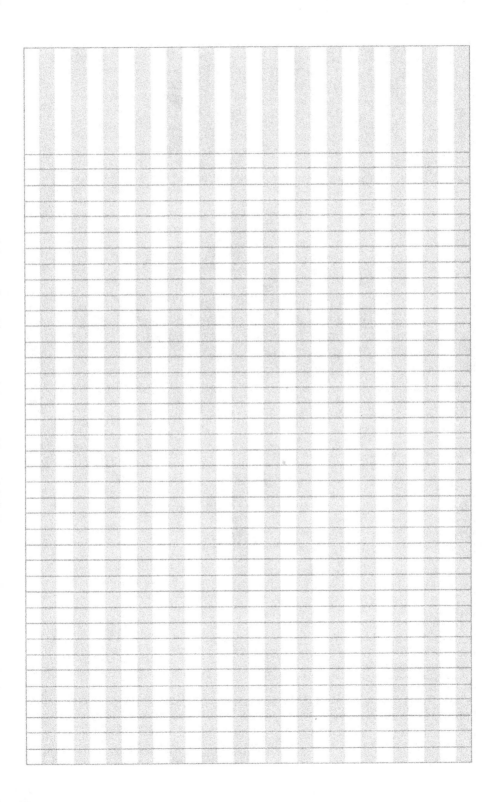

Records

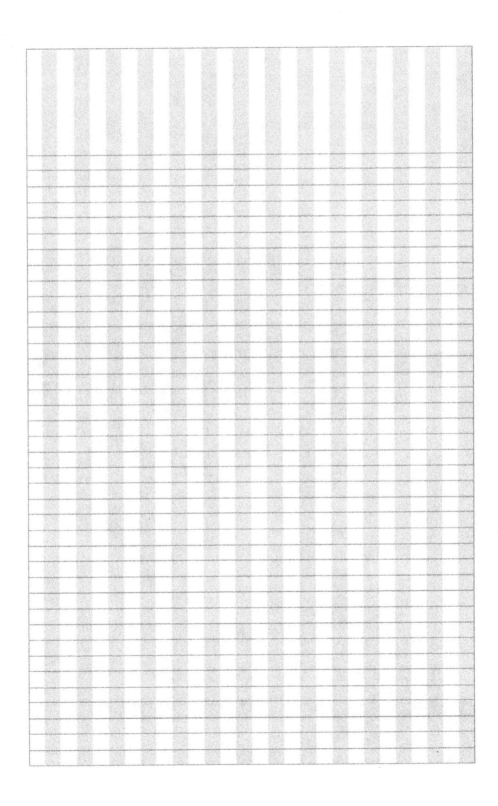

Records

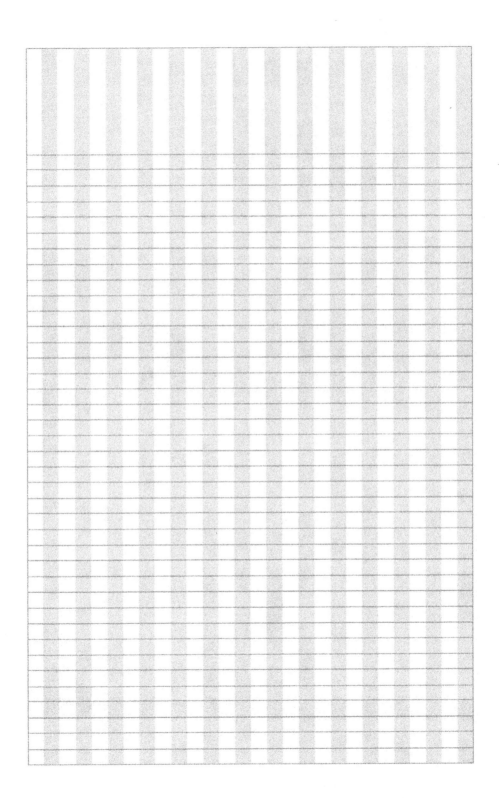

Records

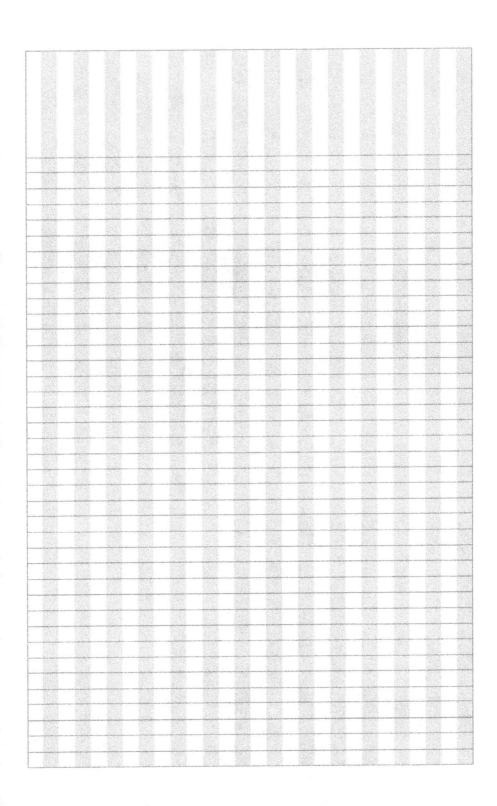

Records

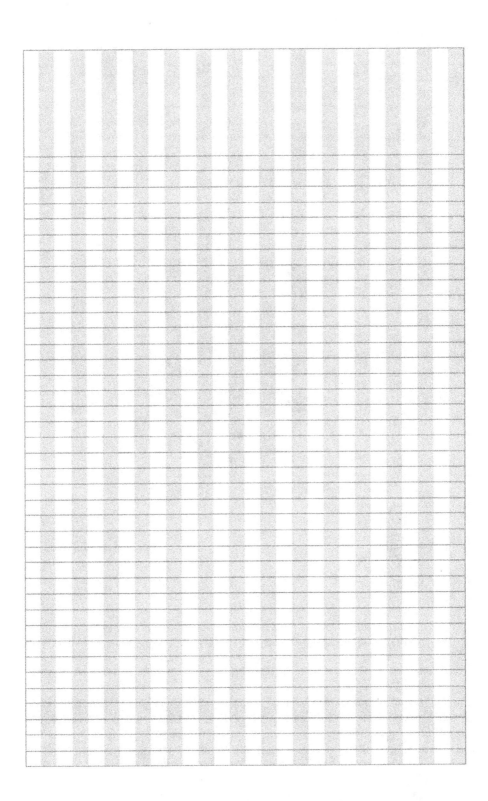

Records

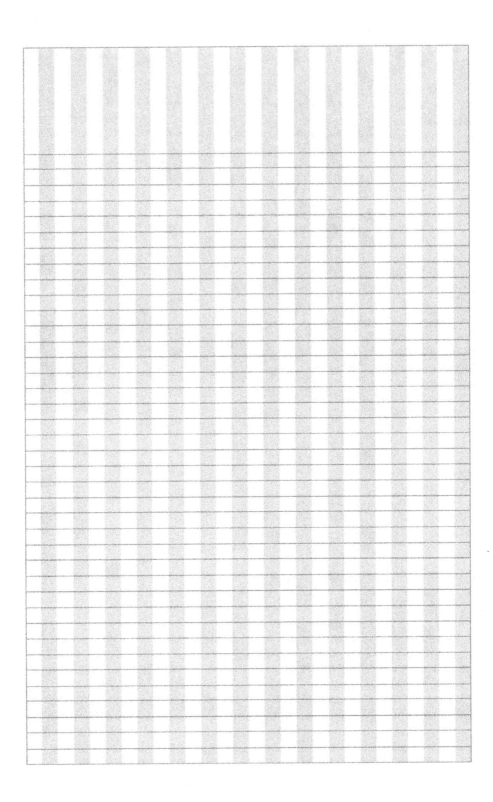

Records

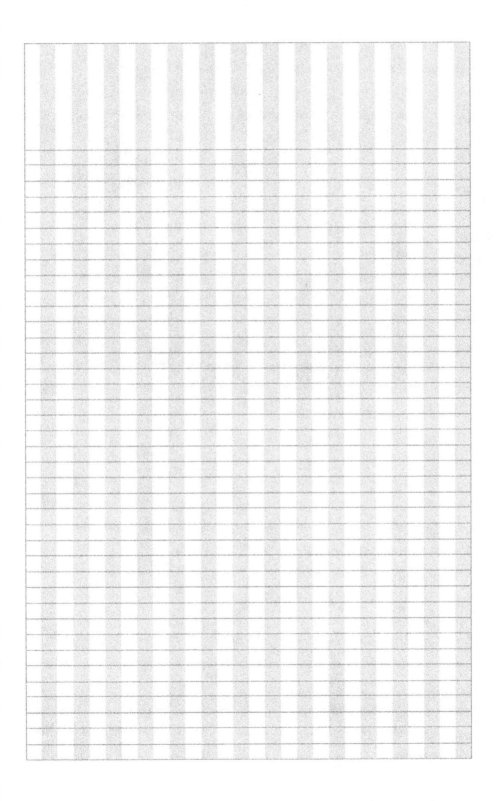

CPSIA information can be obtained
at www.ICGtesting.com
Printed in the USA
BVHW052318190223
658796BV00009B/1252